시를 쓰는 마음

저자 | 나태주

1945년 충남 서천에서 출생하여 공주사범학교를 졸업하고, 19세에 초등학교 교사가 되어 2007년 공주장기초등학교 교장으로 정년 퇴임할 때까지 43년 동안 교직에 있었다. 1971년 《서울신문》 신춘문예에 시 <대숲 아래서>가 당선되어 문단에 등단한 이후, 50여 년간 꾸준한 창작 활동으로 수천 편에 이르는 시 작품을 발표했다.

그동안 《꽃을 보듯 너를 본다》 《풀꽃》 《너무 잘하려고 애쓰지 마라》 등의 시집과 《좋아하기 때문에》 《작은 것들을 위한 시》를 비롯한 산문집, 시화집, 동화집 등 200여 권의 책을 썼으며 공주문화원장과 한국시인협회장 등을 역임했다.

받은 상으로 소월시문학상, 흙의문학상, 한국시인협회상, 정지용문학상, 유심작품상 등이 있으며 2014년부터는 '나태주 풀꽃 문학관'을 설립, 운영하고 있다.

저자 | 좋은님 19인

박자호 류지희 문정애 김재순 윤영기
이지영 조현선 진지혜 김영희 방민영
이만수 박은화 이민주 전둘진 이지우
장명숙 이효진 임정근 전의환

나태주,
좋은님 지음

시를 쓰는 마음

누구나 시인이 되는
순간이 있다

서문

유명하기보다
유용한 시집이기를

얼핏, 사람들은 시詩라는 언어 형식을 까다로운 존재, 가까이하기 어려운 예술 양식, 특수한 문장이라고 생각하는 것 같습니다. 그러나 이것은 시라는 문학작품의 속성을 모르거나 오해해서 그런 것입니다.

첫째는 시가 지닌 특성입니다. 시는 감정을 소재로 하여 언어로 표현된 정교한 예술 형식입니다. 둘째는 시인들이 시를 지나치게 어렵게 쓰거나 자기만의 어법이나 작법으로 쓰기 때문입니다. 마지막으로는 학교에서 시 공부를 할 때 따지며 이성적으로만 하기 때문입니다.

먼저, 시의 질료가 감정이란 것을 인정해야 하고 시의 표현 도구가 언어라는 것을 알아야 합니다. 50년 넘도록 오로지 시만을 써왔지만, 아직도 나는 나의 시 앞에서 어리둥절하고 헤매는 편입니다. 아무리 노력해도 내 마음(감정)을 내 마음처럼 표현(언어)하기가 어렵습니다. 그만큼 시라는 문학 형식이 접근하기 어렵습니다.

다음은 시인들 문제입니다. 무릇 시인들이 사용하는 언어나 시작법이 지나치게 까다롭고 어렵고 난삽難澁하기까지 합니다. 그것은 시인들이 지나치게 개인의 감정, 개인의 문제에만 집착하기 때문입니다. 실상 시는 '일인칭(나)이 이인칭(당신, 그대, 너)에게 보내는 고백이거나 하소연'이라고 나는 말하곤 합니다. 그럼에도 불구하고 시인은 특수성이나 개성보다는 보편성이나 일반성에 신경을 써야 합니다.

그래서 나는 나의 시에게 요구합니다. 짧아지고 쉬워지고 단순해지고 임팩트impact를 가져라. 그리고 또 나의 시에게 요구합니다. 유명有名한 시가 되려고 하지 말고 유용有用한 시가 되어라. 그렇습니다. 시는 우리가 알아 온대로 장식품이 아닙니다. 오히려 생필품이며 생존에 필요한 대상입니다. 물이나 공기나 밥처럼 말입니다.

그리고 학교 교육 현장에서 시 교육을 좀 더 정서적으로 접근할 필요가 있습니다. 따지며 읽기, 분석적으로 읽기보다는 느끼며 읽기, 정서적인 읽기를 더 많이 해야 합니다. 그래서 시가 가까운 것이며 우리의 삶에서 필요한 그 무엇이라는 것을 체험하도록 안내해야 합니다.

평소 이러한 생각을 해오던 나에게 「좋은생각」이란 아름다운 잡지의 편집자로부터 매달 '좋은님 시 마당'에 응모된 시들을 읽어주고 그 가운데에서 한 편을 골라 달라는 요청은 매우 신선했고, 즐겁고 유익한 작업이었습니다.

달마다 편집자가 전달해 주는 시들이 매우 좋았습니다. 고집을 부리지 않아서 좋았고 까탈을 부리지 않아서 좋았고 자기만 아는 이야기를 썼음에도 충분히 공감이 가서 좋았습니다. 말하자면 특수성이나 개성보다는 보편성, 일반성이 충분히 확대되었다는 얘깁니다.

그렇다면, 그렇다면 말입니다. 시를 전문으로 쓰는 사람만 시인이라고 고집해서는 안 됩니다. 이 땅에 살아가는 사람들, 감정을 지닌 모든 사람들이 다 시인이고 그것을 자기 나름 예쁜 언어, 짧은 형식으로 표현하고 싶어 하는 사람은 모두가 시인인 것입니다. 이것이 바로 「좋은생각」의 '좋은님 시 마당'이 지향하는 방향성이고 목적일 것입니다.

그런 생각과 의도의 터전 위에 이 책이 놓입니다. 부디 좋은 분들의 좋은 반응이 있기 바라고 좋은 활용이 있기를 바랍니다. 네, 유명한 시집이기보다는 유용한 시집이기를 소망합니다.

2025년 초여름
나태주 씁니다.

1

2

3

> 이 책의 구성

이렇게 읽어 보세요

1 나태주 시인이 뽑은 시와 시평

이 책은 월간 「좋은생각」의 '좋은님 시 마당'에 연재된 좋은님의 자작 시와 나태주 시인의 시평을 엮은 책입니다. 시인이 해당 시를 채택한 이유와 솔직한 시평을 통해 시 창작과 감상의 폭을 넓힐 수 있습니다.

2 따라 쓰고, 새로 쓰는 나만의 시 노트

마음에 남기고 싶은 문장을 직접 써볼 수 있도록 감성적인 일러스트와 함께 필사 페이지를 구성했습니다. 또한 '습작노트' 코너를 통해 나만의 시평과 창작 시를 써볼 수 있습니다.

3 마음으로 옮겨 적는 시

4부 '마음으로 옮겨 적는 시'에는 시인을 꿈꾸는 이들에게 나태주 시인이 추천하는 열 편의 시를 담았습니다. 읽고 따라 쓰며 시를 깊이 느껴 보세요.

목차

서문 ··· 4
이 책의 구성 ·· 9

1부 천천히 피어나는 마음

시간 여행 _박자호 ·· 14
시를 쓰는 마음 _류지희 ·· 21
산나물 _문정애 ··· 24
이사 _김재순 ··· 28
수첩 _윤영기 ··· 33
청춘 _이지영 ··· 36

2부 마음이 영그는 시간

마지막 편지 _조현선 ··· 42
개구리와 동그라미 _진지혜 ······································· 47
알람 _김영희 ··· 50
모래밭 아이 _방민영 ··· 55
절벽 끝 약사암 _이만수 ·· 60
그리운 엄마 _박은화 ··· 66

3부) 다시 피어나는 희망

적란운의 입장 _이민주 ··· 72

안경을 쓰지 못하는 이유 _전둘진 ··· 76

밤나무_이지우 ··· 82

고양이 스님 _장명숙 ··· 88

옥수수맨키로 _이효진 ··· 92

봄은 온다 _임정근 ·· 98

아카시아 잎 _전의환 ··· 104

4부) 마음으로 옮겨 적는 시

가는 길 _김소월 ··· 112

서시 _윤동주 ··· 114

옛이야기 구절 _정지용 ·· 116

나와 나타샤와 흰 당나귀 _백석 ·· 120

산이 날 에워싸고 _박목월 ·· 124

낙화 _조지훈 ··· 126

오랑캐꽃 _이용악 ·· 128

깃발 _유치환 ··· 130

그냥 _문삼석 ··· 132

멀리서 빈다 _나태주 ··· 134

1부

천천히
피어나는 마음

시간 여행

박자호

일흔다섯의 노모가
아흔여섯의 노모의
손을 꼬옥 잡고

조심조심 징검다리 건너듯 건넌다

두 사람은 모른다
서로의 마음을

일흔다섯의 노모는
다섯 살의 아이가 되고

아흔여섯의 노모는
스물여섯의 젊은 엄마가 된 것을

길섶의 야생화는
흑백이 되었다

흑백의 파노라마는
눈시울 붉어지는 다큐멘터리

일흔다섯의 노모는
함께할수록 짧아지는 시간이 야속하고

아흔여섯의 노모는
이만하면 되었다 한다

- 2024년 7월호

일흔다섯의 노모는
함께할수록 짧아지는
시간이 야속하고
아흔여섯의 노모는
이만하면 되었다 한다

시는 표면으로는 철저히 서정의 문장이지만
그 아래에 서사가 깔린다.
서사가 길게, 깊게 깔린 시일수록
독자들에게 울림을 준다는 의미다.

"나태주의 한마디„

이번에 아주 좋은 작품들이 들어왔다. 머리로 〈시간 여행〉을 뽑았지만 그 밖의 작품들도 만만하지 않았다. 이번에 〈시간 여행〉을 고른 것은 선자選者의 마음이 그렇게 가서일 뿐이니 다른 분들이 너무 실망하지 않았으면 한다.

시는 표면으로는 철저히 서정의 문장이지만 그 아래에 서사가 깔린다고 자주 말했다. 서사가 길게, 깊게 깔린 시일수록 독자들에게 울림을 준다는 의미다.

〈시간 여행〉이 바로 그러한 작품이다. 길이는 짧지만 이 속에는 적어도 75년의 흔적이 깔려 있다. 이를 다른 작품들이 이겨 내지 못한 것이다.

또 한 가지, 비극적인 상황에서도 소망을 발견하고 아름다움을 찾는 눈과 마음은 실로 귀하다. 시의 후반부 문장을 보자. '일흔다섯의 노모는/함께할수록 짧아지는 시간이 야속하고 // 아흔여섯의 노모는/이만하면 되었다 한다'

이 얼마나 안쓰러운 가운데 만족스럽고 너그러운 세상인가. 이런 세상을 일러 원융圓融이라 말하고, 웅숭깊다 하지 않을까 싶다.

나만의
습작노트

시에 대한 생각을 자유롭게 끄적여 보세요.
꼭 시가 아니라도 괜찮아요.
짧은 문장 한 줄도 좋고, 긴 산문도 좋습니다.

시를 쓰는 마음

류지희

일렁이는 파도같이 마음의 문을 두드리는 시를 쓰고 싶다
무뚝뚝하게 끊기는 알아들을 수 없는 말 대신
누군가의 마음에 줄을 긋는 사람이 되고 싶어

앞을 보지 못하는 사람이 물을 만지는 것처럼
태어나 눈을 처음 보는 사람처럼
언어를 다루는 사람이 되고 싶어

사과를 베어 문 잇자국을 천천히 만져 보는 마음으로
잘린 나무 밑동의 나이테를 종이에 새기는 마음으로

진흙으로 사람의 눈 코 입을 만드는 자세로
울컥이듯 진흙을 토해 내는 갯벌처럼
흙에서 움트는 새싹처럼
시에 숨결을 불어넣는 사람이 되고 싶어

- 2024년 2월호

"나태주의 한마디"

시를 깊이 생각하고 또 습작하는 사람으로서 가장 큰 관심 가운데 하나는 시에 대한 것이다. 시란 무엇일까? 시를 쓰는 마음은 어떤 마음일까? 시의 원동력은 무엇일까? 시인은 어디서 영감을 받는가? 시에 사용되는 언어는 어떤 것이야 하는가?

그래서 시 자체가 시의 제목이 될 수도 있고 소재가 될 수도 있다. 이런 관심과 작업을 통해 시 쓰는 마음이 더욱 명료해지고 단단해진다. 그래서 이번에는 시에 대한 시를 고르기로 했다.

매우 다부지면서도 아름다운 생각을 품고 있는 작품이다. 박용철 같은 시인은, 시인을 일러 '하느님 다음가는 창조자'라고 말했다. 이 시인의 마음이 그렇고 이 시의 내용이 그렇다. 시 쓰기는 생명 없는 물상物象에 생명을 불어넣는 작업이며 또 인간의 마음을 바꾸는 작업이다.

신비한 세계를 보고 듣는 시인의 마음의 촉수가 부드러우면서도 세심하다. 그 마음 끝 붓질 속에서 우리 마음도 부드럽고 세심하게 일어나 새로운 생명을 얻고 싶어 한다. 다만 시의 마지막 부분이 지나치게 열렸다. 적어도 반전反轉의 문장이 거기에 있어야 했다.

시 자체가 시의 제목이 될 수도 있고
소재가 될 수도 있다. 이런 관심과 작업을 통해
시 쓰는 마음이 더욱 명료해지고 단단해진다.

산나물

문정애

산에 가시 도드라진 두릅나무
통통하게 살찌워진 두릅이
꼿꼿하게 홀로 서서 기다리네

엄나무순 따려다 가시에 찔려
아야 절로 비명 소리 터지네
뜨겁게 끓인 물에 데치면
샛파랗게 선명한 엄나무순

산언덕에 납짝 엎드린
취나물 뜯으려다
주르륵 미끄러지고
한 배낭 채우려면 해 넘어가겠네

두릅 엄나무순 취나물
봄이면 약속이나 한 것처럼
한껏 꾸미고 들뜬 마음으로
세 친구 만나러 간다

- 2024년 5월호

"나태주의 한마디"

회를 거듭할수록 점점 좋은 작품들이 투고돼 반가운 심정이다. 하지만 좋은 작품 가운데서 한 편을 고르는 일은 살짝 괴롭기도 하다. 다른 사람의 시를 읽는다는 것은 그 사람의 감정 세계를 들여다보는 일이기 때문이다.

수준이 고르고 하나같이 특색 있는 작품 중에서 계절감을 고려해 문정애 님의 〈산나물〉을 뽑는다. 실상 이 작품은 특별한 소재를 다룬 것도 아니고 또 표현법이 유난히 탁월한 것도 아니다. 일상적인 내용을 다룬 작품이지만 그 안에 인간 공통의 감동이 숨어 있다.

특히 이 작품에는 환희가 있다. 환희란 그 안에 좋은 에너지를 간직하고 있어 인간을 살리는 감정이다. 새로 오는 봄과 같은 감정인 것이다. 이런 감정으로 시를 쓰면 그 시를 쓴 본인만 축복을 받는 게 아니라 시를 읽는 사람에게도 축복이 찾아가게 돼 있다.

그렇다. 이번 호에는 봄이 와 기쁨에 부푼 시인과 함께 우리도 환희를 만나 보아야 할 차례다.

환희란 그 안에 좋은 에너지를 간직하고 있어
인간을 살리는 감정이다. 이런 감정으로 시를 쓰면
그 시를 쓴 본인만 축복을 받는 게 아니라
시를 읽는 사람에게도 축복이 찾아가게 돼 있다.

나만의
습작노트

시에 대한 생각을 자유롭게 끄적여 보세요.
꼭 시가 아니라도 괜찮아요.
짧은 문장 한 줄도 좋고, 긴 산문도 좋습니다.

이사

김재순

엄마는 이삿짐도 없이 사랑요양원으로 이사했다
남동생과 같이 면회를 갔다
엄마는 어울리지 않는 숏커트를 했다
마주한 엄마는 나를 빤히 쳐다본다
"재영이 왔네."
많은 생각을 담은 저 눈빛은
나를 재영이로 아는 건지 내 이름을 재영이로 아는 건지

남동생이 세 살이었을 때
엄마랑 오일장에서 멜빵바지를 고르고 있었다
참견하고 싶어서 까치발로 넘겨다보기 위해
잠깐 뒤꿈치 들었을 뿐인데 동생이 사라졌다

엄마 손에서 떨어진 멜빵바지
내 손도 이미 파장이다
맨눈으로도 보이지 않는 아이를 눈물 위에 얹어 불렀다

나는 큰길로
엄마는 뒷길로, 어둠에 불을 켜고
집에 가는 발길을 달빛이 비춰 준다

우리는 집에서 동생을 만났다
생각이 여물지 않은 동생을 집에 데려온 이는
동생을 점지해 준 삼신할머니였을까

지금 엄마는 세 살인 동생 재영이랑
사랑요양원 시장에 있다

시간을 꼭꼭 싸매어 두었던
이삿짐도 없이

— 2025년 3월호

" 나태주의 한마디 "

찌잉, 마음이 운다. 짐짓 남의 이야기, 남의 집 이야기처럼 들리는데 실은 나의 이야기이고 우리집 이야기다. 나아가 작가의 이야기이기도 하지만 나의 이야기이고 우리집 이야기이기도 하다. 어쩌면 좋지? 저 글 속에 있는 화자가 나이고, 형제이고, 자식이고, 또 화자 앞에 있는 노인이 나인 걸 어쩌지?

 좋은 글은 이렇게 한 개인의 일이면서 그 개인을 넘고, 한 시간대의 일이면서 그 시간대를 훌쩍 넘어 버린다. 이른바 자기 객관화이고 보편화다. 그래서 좀 더 넓은 세상, 환한 세상을 만들기를 꿈꾼다. 울림을 주는 건 물론이며 천천히 대책을 주기까지 한다. 현실적이기도 하지만 심정적인 대책이다.

 어떡하나, 천천히 준비할 일이고 감당할 일이다. 그러고는 그 너머를 생각해야만 할 일이다. 그래도 조금은 괜찮다고, 더 괜찮아질 거라고 말해 본다. 지나간 날 우리들의 노력과 최선이 있었으므로 오늘과 내일의 우리들, 찌그러진 깡통이 그래도 괜찮아질 거라고, 울지 말라고 서로의 어깨를 다독인다.

 당신의 울고 난 다음의 하늘은 맑고 환할 것이다. 그러기를 바란다. 아니, 우리는 지금 함께 울고 있다.

좋은 글은 한 개인의 일이면서
그 개인을 넘고,
한 시간대의 일이면서
그 시간대를 훌쩍 넘어 버린다.

수첩

윤영기

색색이 쓰여진
절반의 성공
글씨가
잔디처럼 파랗게 커 간다.
꿈의 씨앗으로
줄줄이 늘어선다.
조금씩 내가 자란다.

- 2024년 1월호

"나태주의 한마디„

윤영기 님의 <수첩>은 형식적인 면에서 간결미가 있고 내용적인 면에서 간절함이 있는 작품이다. 제목으로 주어진 <수첩>이란 단어를 본문에서 사용하지 않은 것부터가 진화가 잘된 시라는 증거다.

수첩은 지극히 객관적인 사물로 우리네 생활 소품 가운데 하나다. 그렇지만 수첩은 우리네 삶과 밀접한 관계를 맺고 있다. 날마다의 일정이나 결과를 메모하므로 우리 삶의 일부가 되기도 한다. 시간이 지나도 그것은 삶의 증거가 되어 준다. 더구나 한 해를 보내고 새해를 맞이하는 입장에서 수첩은 지난해를 설명해 주는 기념물이 된다. '색색이 쓰여진 / 절반의 성공'은 지난 한 해에 대한 반성이면서 새해를 출발하는 기준점이기도 하다.

하지만 작가는 매우 긍정적이면서 희망적인 태도로 미래를 본다. '조금씩 내가 자란다'라든가 '잔디처럼 파랗게 커' 가는 '글씨'가 그것을 말해 준다. 이런 문장을 대하면서 독자도 짐짓 새날에 대한 꿈을 갖게 될 것이다.

나만의
습작노트

시에 대한 생각을 자유롭게 끄적여 보세요.
꼭 시가 아니라도 괜찮아요.
짧은 문장 한 줄도 좋고, 긴 산문도 좋습니다.

청춘

이지영

시금치 한 단, 물끄러미 본다
서쪽엔 폭설이 내렸다는데
해남에서 올라왔다는 시금치
새파란 이파리에 사락거렸을
눈 내리는 풍경

진창을 걸어온 운동화의 진흙을 문지르며
뽀얀 눈과
새파란 시금치와
시린 눈 맞고 있었을 시금치의
웃는 속을 생각하였다

어머니께 갈 때는
새파란 시금치 한 단을 사 드려야지,
긴 겨울 첩첩산중의 어머니는
이리도 새파란 시금치가
나 보담도 반가울 것이다

새파랗게 퍼덕이는 이파리를 끓는 물에 삶고
그 연한 푸른 줄기를 참기름에 무쳐서 먹으면
그 달큰한 맛이 얼마나 좋을까!
너른 벌에 시린 눈 맞고 웃는
그 속마음처럼

― 2024년 3월호

"나태주의 한마디 "

이번에 전달받은 작품들은 대체로 길이가 길었다. 봄이 가까워지니 사람들 마음이 약동하기 시작해 할 말이 많아지는 모양이다.

하지만 시의 길이가 길어진다는 것은 자기가 표현하고자 하는 내용의 진의를 적확하게 짚지 못한 증거이고, 시의 특성을 잘 몰라서 그런 게 아닌가 싶다.

한편, 시의 문장은 1인칭이 기본인데 3인칭으로 기운 시들이 여럿 보였다. 이는 또한 시의 소재가 감정이고 그것도 자기의 감정이라는 걸 잠시 눈감았기 때문이 아닌가 싶다.

그런 가운데 자신의 감정을 들여다보며 정갈하게 쓴 글 한 편을 내세운다. 도입 부분의 문장들이 감각적이고 예각적이어서 호감이 갔다. 시의 제목을 이질적이면서 전체 분위기를 포괄하는 단어인 '청춘'으로 정한 것도 좋았다.

하지만 3연은 필연성이 좀 느슨하고 4연과의 이음새가 헐거운 면이 있다. 차라리 3연을 삭제하고 읽어 보면 어떨까? 소품小品인 대로 짜임새 있는 작품이 되지 않을까 싶다. '시는 덧셈이 아니고 뺄셈이다.'라는 말을 참고했으면 한다.

시는 덧셈이 아니고 뺄셈이다.
시의 길이가 길어진다는 것은
자기가 표현하고자 하는 내용의
진의를 적확하게 짚지 못한 증거다.

2부

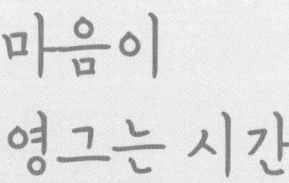

마음이
영그는 시간

마지막 편지

조현서

붉은 노을은 돌담을 스쳐
구두 수선집 유리벽에 닿는다

구두공은 잠시 입원 중
며칠 후에 돌아오겠다는
편지 한 장 남기고
다시 오지 않았다
주인을 잃어버리고
쓸쓸히 홀로 남은 앉은뱅이 의자는
유리벽에 갇혀 있다

작은 벽에 서툴게 쓰인 마지막 편지
돌아오겠다는 약속은
육신은 저버렸지만
수선공은 저 하늘에서 아픈 구두를 수선하느라
오늘도 바쁜가 보다

구두 굽을 매만졌던 소리가
또닥또닥
노을 속으로 울린다

- 2024년 6월호

"나태주의 한마디"

우리가 사는 세상은 나 혼자만 사는 세상이 아니다. 누군가와 더불어 사는 세상이다. 내가 잘 살기 위해서는 나 아닌 다른 사람들의 도움이 있어야 한다. 그런 점에서 우리는 이웃에게도 관심을 갖는다. 아니, 가져야 한다.

거리를 지나다가 만나는 풍경 가운데 구두 수선공이 일하는 조그만 집은 특별한 느낌을 준다. 어떻게 저렇게 좁은 공간에서 일할까? 그에게는 그곳이 일터이자 삶의 터전이다. 그런데 어느날 그 구두 수선집 조그만 유리창에 쪽지가 붙어 있었던 것이다.

'잠시 입원 중/며칠 후에 돌아오겠다는' 내용이었다. 그러나 그는 끝내 돌아오지 못하고 하늘나라로 갔다. 애달프고 안타까운 사연이다.

이웃에 대한 시인의 살뜰한 마음이 잠시 우리를 멈춰 세워 주변의 풍경을 찬찬히 돌아보게 한다. 누구에게나 힘겹고 고달픈 인생길. 이런 측은지심이 있기에 고단한 하루하루의 삶이 조금씩 밝아지고 유의미해지고 아름다워지는 게 아닐는지!

이웃에 대한 시인의 살뜰한 마음이
잠시 우리를 멈춰 세워
주변의 풍경을 찬찬히 돌아보게 한다.

개구리와 동그라미

진지혜

작은 등에 설산만 한 돌을 지고
개구리야, 너 어디를 가니
나 너를 따라가 볼래
홀쭉해진 배를 채우도록
내 주머니 속 사과를 꺼내
슬쩍 돌과 바꾸어 놓아도 보고
어두운 밤에 눈앞이 까무룩 잠기거든
내가 한달음에 공중을 날아
돌 위로 달을 반싹 켜 놓기도 할게
이따금은 집도 되고 꿈도 될게
돌이 주는 선물같이
너 따라 나는 동그랗게 있어 볼래

- 2024년 8월호

"나태주의 한마디"

좀 특별한 작품을 골라 본다. 실은 나도 잘은 모르겠는 시다. 읽는 사람이 꼭 시의 문장을 완전히 이해해야 하는 것은 아니다. 시의 소재는 '느낌'에서 출발하기에 이해보다는 공감이 먼저다.

공감이란 저쪽의 느낌을 이쪽이 함께 느끼는 것을 말한다. 시를 쓴 사람이 가졌던 느낌을 읽는 사람이 더불어 갖는 것이다. 나는 이 작품을 이해할 수는 없어도 공감할 수는 있다. 어쩌면 그것이 정말로 좋은 시 읽기일지 모르겠다.

주인공은 개구리다. 개구리에게 시인은 무슨 말인가를 자꾸만 하고 싶어 한다. 일방적인 대화인 그 독백 속에 시인은 자신의 소망들을 담아 본다. 허황되기도, 비현실적이기도 하다.

결국은 꿈이다. 개구리란 소재를 통해 세상에 없는 그 무엇을 그려 보고 상상해 보는 꿈. 그 꿈은 매우 상냥하고 귀엽고 사랑스럽기까지 하다. 아무리 읽어도 공감이 되지 않는다면 지금 꿈을 꾼다 생각하면서 다시 읽어 보자.

시에서 무슨 소리가 나는지 귀를 기울여 보고 무슨 빛깔이 나오는지 곁눈질해 볼 필요가 있다. 그러노라면 우리도 시인이 꿈꾸는 세상을 조금쯤 짐작하지 않을까? 결국은 여름밤에 꾸는 한마당의 꿈이다.

시의 소재는 '느낌'에서 출발하기에
이해보다는 공감이 먼저다. 나는 이 작품을
이해할 수는 없어도 공감할 수는 있다.
어쩌면 그것이 정말로 좋은 시 읽기일지 모르겠다.

알람

김영희

오늘이 오는 소리가 창턱에 걸려 있다

밤새도록 아스팔트에 수를 놓던
턱밑까지 내려온 이팝나무

호루라기도 불지 않고 청소차가 지나간다
막차를 보내고 첫차를 기다리던
정류장도 어둠을 쓸어낸다

누군가의 어제를 쓸어 버린 오늘

턱에 걸린 마스크 줄은 턱없이 팽팽한데
아침의 파열음은 눈치도 없다

그래도, 속살 연한 것이 좋다며
배추를 두들기던 여자의 새벽 시장

산력에 연두색 봄이 환하게 드러난다

다다다라 파 – 앙,

번지는 아침

- 2024년 4월호

"나태주의 한마디"

이번에 들어온 작품의 특징은 시의 문장 안에 서사 구조가 깔려 있다는 것이다. 서사와 서정. 우리의 인생, 삶 자체는 서사다. 구체적인 사건과 일로 이루어져 있다는 말이다. 그러나 시에서 요구하는 것은 서정이다.

가능한 대로 시에서는 서사를 숨겨야 한다. 드러내지 말고 아래로 침잠沈潛시켜야 한다는 말이다. 그래도 현명한 독자는 충분히 읽어 낸다. 서정을 통해 서사를 짐작한다. 이러한 시를 나는 '사연이 있는 시'라고 부른다.

이런 안목에서 김영희 님의 〈알람〉을 고른다. 알람은 경고음을 말한다. 각성을 주기도 하고 약속을 주기도 하고 재촉을 주기도 하는 것이 알람인데, 그 알람에 깃들인 건강한 삶을 잘 표상해 냈다. 서사를 가능한 한 숨긴 작품이라 하겠다.

실상 시의 문장은 세상을 거꾸로 보기에서 출발한다. 밝지 않고 아름답지 않은 세상을 밝고 아름답게 보려고 노력하는 데서 시작한다. 김영희 님의 문장에서 우리가 읽어 내는 것은 희망, 그것이다.

우리의 인생, 삶 자체는 서사다.
구체적인 사건과 일로 이루어져 있다는 말이다.
그러나 시에서 요구하는 것은 서정이다.

나만의
습작노트

시에 대한 생각을 자유롭게 끄적여 보세요.
꼭 시가 아니라도 괜찮아요.
짧은 문장 한 줄도 좋고, 긴 산문도 좋습니다.

모래밭 아이

방민영

모래와 파도뿐인 아이
친구들은 모두 바닷속에 숨어 있고
심심한 아이는 놀이터를 만든다
모래로 굴을 파고
모래로 성을 쌓고
해는 저물어 가고
채색된 하늘빛은 색 도화지
파도가 밀려와 사라져 버릴 놀이터
삼시 거품이 되고
잠시 부서질 파도 소리
울어 버릴 수 있다
상처가 되지 않는다
상처도 괜찮다
다시 파도가 밀려와 도화지를 준다
모래밭 아이
외롭지 않다
저 너머의 모래밭 아이

- 2024년 9월호

"니태주의 한마디"

이번에는 느낌이 좋은 작품이 많이 들어왔다. 실험적인 작품도 있었고 서사적 구조를 바탕에 깐 작품도 있었다. 그런데 왜 그랬을까? 동심이 들어 있는 곱고도 예쁜 작품을 뽑았다.

어쩌면 이건 계절이 시켜서 그렇게 된 것이 아닌가 싶다. 바야흐로 열정의 계절이며 태양의 계절이다. 이러한 계절 속에서 나도 어딘가로 불현듯 떠나고 싶고, 무언가 낯선 풍경 속에 나를 던져보고 싶었나 보다.

얼핏 동시처럼 읽히는 작품이다. 시의 바탕에 동심이 깔려 있어서 그럴 것이다. 동심은 어린이의 전유물만은 아니다. 성인이라 해도 어린이 시절을 회상하면 동심이 돌아올 것이고, 주변에서 어린이의 모습을 보면 또 동심이 소생할 것이다.

동심이란 초록과 같은 마음이고, 싱싱한 마음이고, 사람의 건강에 유익한 마음이다. 이렇게 동심이 깃든 시를 읽으면, 우리 자신이 어린이의 마음으로 돌아가 어린이의 세상을 꿈꾸고 때로 어린이의 삶을 닮아 가기도 할 것이다.

이 얼마나 아름다운 마법인지! 부디 동심이 담긴 이번 호의 작품을 읽으면서 소란스럽고 피곤한 나날 속에서 작지만 단단한 위로와 축복을 받으시길 바란다.

동심이란 초록과 같은 마음이고, 싱싱한 마음이고,
사람의 건강에 유익한 마음이다.
이렇게 동심이 깃든 시를 읽으면, 우리 자신이
어린이의 마음으로 돌아가 어린이의 세상을 꿈꾸고
때로 어린이의 삶을 닮아 가기도 할 것이다.

나만의
습작노트

시에 대한 생각을 자유롭게 끄적여 보세요.
꼭 시가 아니라도 괜찮아요.
짧은 문장 한 줄도 좋고, 긴 산문도 좋습니다.

절벽 끝 약사암

이만수

가을이다.
건조한 바람 끝을 따라 들어선 산사의 좁은 길에 햇볕이 밝다.
빛은 어디에서 왔는지 모를 하나뿐인 길을 기억하고
바람은 그 따뜻한 온기를 바라 깎아지른 절벽 밑을 맴도는 하루다.

가느다란 명주실 닮은 인연은 절벽 위 아득히 놓인 다리를
건너는가?
절벽 끝 범종이 울지도 못하고 밤에 홀로 산을 지킨다.
그런 밤에는 달도 산정 끝에 매달려 차마 넘지 못하고 그저
머뭇거린다.

오늘 밤엔, 가을이 한 뼘 더 깊어지겠다.
무심코 스치는 과거의 생각이 절벽 끝에 매달린 약사암
단청 아래 스민다.
다리를 건너 내게 찾아온 인연 중의 하나가 발목을 다쳐
기뚱거리는 밤이다.

아까부터 멀리서 지켜보던 돌탑의 그림자가 고승의 이마를 덮고 작고 나약한 산짐승의 울음이 아득히 깊은 골짜기에 파묻히는 밤은 더 깊으리.

한 발짝 물러선 마음이 너른 마당을 쓸데없이 배회하고 있다. 현월봉 꼭대기 좁은 문을 위태롭게 지나온 바람이 마른 내 옷깃을 스친다.

어디선가 홀로 서 있던 나의 님이 날 못 잊어 흐느끼고 있는가? 알지도 못하는 불경 소리가 절벽 끝 약사암 풍경에 매달려 흔들리고 있다.

오늘 밤에는, 가을 깊어 이내 올 겨울을 예고하는데
잠시 잠깐 세상 밖으로 얼굴을 내민 별빛이 반짝이고 있다. 아스라이 먼 곳에서
오늘 밤 나는 절벽 끝 어디쯤 서 있어야 하는지….

– 2024년 10월호

오늘 밤엔, 가을이 한 뼘 더
깊어지겠다.

"나태주의 한마디"

선자選者의 편견이요 옹졸한 생각인지는 몰라도 이번 달에는 유난히 좋은 작품이 많이 들어 왔다.

어느 것을 뽑아도 좋을 만큼 저마다 특색이 있고 나름대로 완성도가 높은 작품들이었다. 그래도 어쩔 수 없이 한 편만을 뽑아야 한다는 규정 때문에 이렇게 해야만 했다. 좋은 작품을 내줬는데 선택되지 못한 분들, 작품들에 미안한 심정을 남긴다.

실상 이번에 뽑은 작품은 구투舊套의 흔적이 보이는 작품이다. 내가 제일 경계하는 '님'이라는 시어가 그 중간에 있었기 때문이다. 그럼에도 불구하고 이 작품을 손에서 놓지 못한 것은 이 작가의 아름다운 문장력과 인생을 들여다보는 맑고도 깊은 눈길을 사랑했기 때문이다.

모르긴 몰라도 이 작가는 습작 기간이 길고 그 동안 쓴 작품이 많은 작가로 보인다. 작가로서도 나름대로 한 세계를 이루고 있음을 본다. 이런 작품 앞에서는 시력詩歷이 오래인 사람도 약간은 기가 죽을 수밖에는 없다.

이 작가뿐만 아니라 이번에 시를 내주신 응모자 모두의 건필을 빈다. 부디 멈추지 말고 계속 쓰기를. 그러다 보면 당신들의 좋은 길이 당신들 앞에 열릴 것으로 안다.

이 작품을 손에서 놓지 못한 것은
이 작가의 아름다운 문장력과 인생을 들여다보는
맑고도 깊은 눈길을 사랑했기 때문이다.

그리운 엄마

박은화

수돗가 곁에 장독대가 있었어
낮은 담장 아래, 크고 작은 독들이
엄마의 사랑을 담뿍 받아 조약돌처럼 빛나곤 했지
간장, 된장, 고추장, 묵은지, 마늘장아찌들이 검은 독 안에서
어린 새처럼 엄마 발소리만 기다렸어
장독대 위로 석류나무가 붉은 꽃들이 버거워 가지를 늘어뜨리면
엄마는 나뭇가지 끝을 고추장 독에 걸쳐 놓고
된장을 푸고 나면, 다시 제자리에 놓는 일을 반복하셨어
새끼를 가득 품은 석류알에 엄마 얼굴이 아롱지는 걸 보았지
우물 옆에 장독대가 있었어

이른 새벽
장을 푸러 가는 엄마가
보고 싶어

-2024년 11월호

"나태주의 한마디"

이번 달엔 육친애가 진하게 배어 있는 글을 뽑는다. 자연애愛나 세상에 대한 관심을 담은 글도 좋지만 시의 본령은 사람에 대한 것이기에 그렇다.

우선 이 글의 작가는 담담하게 자신의 마음속 풍경을 펼쳐 보일 줄 아는 능력이 있다. 이것은 단순한 것 같지만 매우 어려운 일이다.

내가 평생 글을 쓰면서 지금껏 힘들었던 것은 '내 마음을 내 마음같이' 표현하는 일이었다. 글을 읽을 때도 '내 마음이 여기 먼저 와 있네.'라는 느낌이 들 때 가장 기분이 좋다. 이것은 공감과 소통, 감동의 경지를 말하는 것이다.

이 글의 작가는 과거의 기억과 느낌을 살살이 더듬는다. 그 중심에 어머니가 있다. 그런데 그 어머니가 이제는 세상에 없다. 치렁치렁 이어진 1연의 글은 과거형 종지인데 2연의 문장 종지가 현재형인 것을 보면 알 수 있다. 이런 변화와 차이가 사람 마음을 덜컥 내려앉게 하며 큰 울림으로 이끈다.

글을 읽을 때도
'내 마음이 여기 먼저 와 있네.'라는
느낌이 들 때 가장 기분이 좋다.
이것은 공감을 말하고, 소통을 말하고,
감동의 경지를 말하는 것이다.

3부

다시 피어나는 희망

적란운의 입장

이민주

눈 쌓인 운동장에
흙이 섞인 눈으로 네가 만들어졌거든

세상이 새하얘지면서 오히려
너밖에 보이지 않았지

너는 겨울 내내 깨어 있다가
녹으면 봄잠을 잔다고 생각했대

깨끗한 눈으로 내렸다가 깨졌다가
얼었다가 녹았다가 다시 얼었다가

마른 나뭇가지가 간질간질해질 때쯤
완전히 녹았어

너는 물이 되어 새싹도 되고
구름도 되었다가 비로 내려
강으로 흘러가기를 반복하며

다시 겨울이 오기를
다시 눈사람이 되기를 열망했어

눈사람은 따뜻해져서가 아니라
비가 와서 녹기도 해

이를테면 갑자기 내린 소나기에
너는 물이었다가 구름이었다가

가끔은 잠시 소나기도 되었다가

– 2025년 1월호

"나태주의 한마디"

이번 달 응모작 가운데는 썩 마음에 들어 이 작품이다, 손뼉이 쳐지는 작품이 없었다. 보내온 작품들 모두가 고만고만했고 나름대로 한두 가지씩 결함이 있어 보여 마음 놓고 이 작품이다, 라고 호언장담 내세우기가 힘들었다. 망설임 끝에 <적란운의 입장>이라는 작품을 보여 드린다.

이 시는 상상력이 풍부하고 가슴의 품이 넓은 작품이다. 시 문장의 특성상, 상상으로 쓰인 선명하고도 감각적인 문장이라는 점에서 시에 한발 가깝다. 시의 말법이 글말보다는 입말 중심이어서 호감이 간다. 또 대화체를 빌려서 시의 문장을 이끈 점도 좋아 보인다. 시 안에 봄 내음이 향기처럼 살짝 번져 있는 것 또한 좋다.

아무래도 신년, 1월은 봄을 발돋움해 기다리는 시기이기에 더욱 그렇다. 그런 점에서 이 시의 작가는 행운을 얻으셨다.

안경을 쓰지 못하는 이유

전둘진

여물지 못한 내가
여리고 고운 너를 키운다

햇살 한 줌 담지 못한 내가
가을 햇살 같은 너를 담는다

세상살이 빛바랜 내가
하늘빛 고운 널 기른다

마음 하나 비추지 못한
불투명한 내가
맑은 시 앞에 펜을 잡는다

내 눈물 하나 닦지 못하면서
내 아픔 하나 간수 못하면서

네 눈물 닦아 준다
네 상처 보듬는다
유난을 떤다

세상은 이토록 빛나는데
하늘은 이토록 눈부신데
차마
똑바로 바라볼 수 없다

이기심, 욕심으로 얼룩진
내 마음

말갛게 잘 보일까 봐
나는 오늘도
안경을 쓰지 못한다

— 2025년 2월호

시는 실제의 삶과 경험이 아래로 가라앉고
그 위에 생긴 맑은 물과 같은 것을
소재로 하여 쓰는 글이다.

"나태주의 한마디„

이번 호에는 유난히 서사를 강조한 작품이 여럿 들어왔다. 시라는 문장이 실제의 삶과 경험을 바탕으로 하여, 그것들이 아래로 가라앉고 그 위에 생긴 맑은 물과 같은 것을 소재로 하여 쓰는 글인데 아직 그러지 못한 글이 여럿 있었다는 말이다.

그것을 승화라고 부른다. 승화는 우리가 음식을 먹었을 때 소화가 되어 에너지가 되는 것과 같다. 그렇다고 이번에 뽑은 글이 완전히 승화되었다는 말은 아니다. 조금은 너스레가 있고 늘어진 구석이 마음에 놓이지 않지만 응모된 작품 가운데 그런대로 시적인 매무새를 갖추고 있는 것 같아서 여기에 내세운다.

앞으로도 좋은 글, 깊이 있는 글, 마음이 들여다보이는 글, 담백하고 짧고 단순한 글로 독자들과 만나기를 빈다.

나만의
습작노트

시에 대한 생각을 자유롭게 끄적여 보세요.
꼭 시가 아니라도 괜찮아요.
짧은 문장 한 줄도 좋고, 긴 산문도 좋습니다.

밤나무

이지우

올해는 밤 철이 늦구나
아버지의 지나가는 말씀이었다
구름 한 점 없는 가을을 닮은 청년
그의 뺨과 이마에도 어느새
묵묵한 세월이 영영 자리를 잡았다

나는 앞장서 걸었고
아버지는 그 뒤를 따랐다
부지런한 어린이의 걸음으로는
결코 닿을 수 없을 것만 같던 보폭
그 크기의 미미함에 문득, 서글프다
계절을 견뎌낸 잔가지가
아롱거리며 부서져 내린다

가쁜 숨으로 옮기는 발걸음
그때 발에 차이는 것은
지난가을의 밤송이였다
지금껏 움직일 수 없었다는 듯
해묵은 가시를 울음처럼 내보이며
시간이 되어 나무 밑을 서성이고 있었다

걸음마다 발끝을 잡아채는 성가심에
밤송이를 비탈로 걷어차던 나는
자리에 멈춰 앉아 하나씩 하나씩 그들을
밤나무 그늘에 묻어 주는 아버지를 보았다
주름진 손으로 성긴 흙을 뿌리며
지나간 것들은 보내 주어야 한다고
자꾸만 가슴을 찔러대는 억센 가시도
언젠가는 거름이 된다고

땅에 묻힌 밤송이는 곧 흙이 될 것이다
때늦은 밤철은 때를 알고 돌아올 것이다
상념을 묻은 자리를 망연히 바라보다
고개를 들으니 눈앞에
지긋한 마음을 가진 밤나무가 있었다

- 2024년 12월호

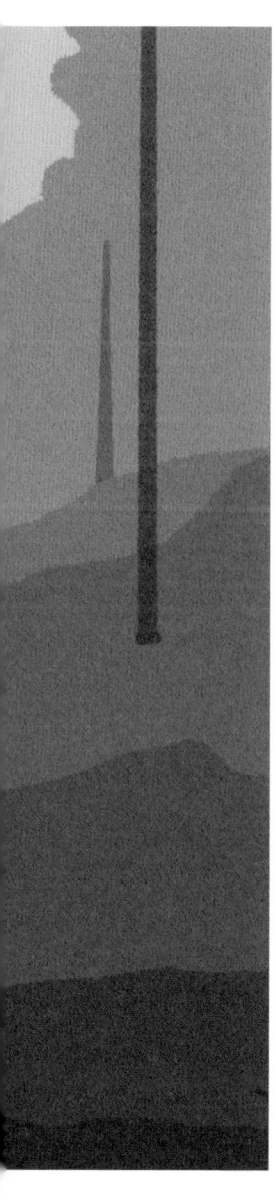

고개를 들으니 눈앞에
지긋한 마음을 가진 밤나무가 있었다

"나태주의 한마디"

이번 호에는 좋은 작품이 많이 들어왔다. 좋은님의 시 작품도 계절을 타는가 싶다. 지난여름은 엄청 더웠다. 살기 괴로웠을 것이다. 날마다 갱신되는 열대야 기록에 가슴 조이며 살았을 것이다.

가을은 또 다른 기적이다. 벼락치듯 달려온 가을, 그 앞에 한 소쿠리 담아 든 시 작품을 보면서 즐거운 미소를 짓는다.

어떤 작품을 선택할 것인가 잠시 고민도 해 본다. 이 역시 즐거운 고민이다. 아무래도 계절감에 충실한 작품에 마음이 갔다. 〈밤나무〉. 올해는 과일 농사가 영 시원치 않았다. 날씨가 너무 더워서 식물들도 날씨를 견디느라 과일을 제대로 성장시키기 어려웠나 보다. 그러고 보면 지구의 일이 인간의 일이고, 나무의 일이 또 인간의 일이다. 큰일이지만 그저 속수무책일 따름이다.

'밤나무'는 그냥 밤나무가 아니라 '아버지'를 대신하는 밤나무다. 아니, 아버지와 하나가 된 밤나무다. 결핍과 위기 가운데서도 희망을 보려고 애쓰며 새로운 내일의 꿈을 가슴에 안고자 한다.

그야말로 인간적인 일이요 아름다운 인간의 예절이다. 좋은 작품을 내준 분들께 감사의 인사를 적는다.

나만의
습작노트

시에 대한 생각을 자유롭게 끄적여 보세요.
꼭 시가 아니라도 괜찮아요.
짧은 문장 한 줄도 좋고, 긴 산문도 좋습니다.

고양이 스님

장명숙

순천 선암사에 가면
스님 방에 고양이가 살아요
추운 겨울
자신을 거둬 준 큰 스님이 고마워서
절간 앞에 생쥐를 물어다 놓곤 했다지요

살아 있는 동물을
물어 죽이면 안 되느니라

그날부터 고양이는 쥐가 주위를 맴돌아도
내쫓기만 하고 물어 죽이지 않았어요

법문을 듣고 공부하더니
고양이도 어느새 스님이 된 걸까요?
절을 찾은 신도들이
고양이 앞에서도 합장하는 걸 보면

- 2025년 4월호

"나태주의 한마디"

이번 달에는 어느 것을 뽑아도 좋을 만큼 우수하고 특색 있는 작품이 들어왔다. 시가 마땅찮아서 마음이 불편할 때보다 이렇게 마음에 드는 시가 많을 때 불편한 마음이 더 크고 복잡하다.

    모든 작품 속에 서사가 깔려 있었다. 그 서사를 충분히 가라앉혀 서정을 잘 뽑아 올렸다. 이것이야말로 글을 쓴 분들의 능력이고 수준이다. 특히 여러 편의 시를 출품한 장명숙 님은 대상, 즉 세상을 긍정적이면서 따스한 눈길로 바라볼 줄 아는 능력을 지녔다. 그냥 그대로 조그맣지만 둥글고 아름다운 하나의 세상이다. 이대로 앞으로, 멀리까지 밀고 나가기만 하면 좋은 시를 쓰는 시인으로 성장할 수 있을 것 같다. 용기 내어 자신의 길을 가시길 바란다.

대상, 즉 세상을 긍정적이면서 따스한 눈길로
바라볼 줄 아는 능력을 지녔다. 그냥 그대로
조그맣지만 둥글고 아름다운 하나의 세상이다.

옥수수맨키로

이효진

내도 옥수수맨키로 키가 쑥쑥 크마 좋겠다
걷다 뒤돌면 고새 한 뼘 늘어난 것 같데
밥 묵고 보러 가면 고새 내보다 더 컸다

내한테 필요 없는 걱정은 옥수수한테 노나 준다
너무 빨리 커가 일주일마다 옷 사야 되믄 우야노
너무 빨리 커가 학교에서 맨 꼴지로 밥 묵으면 우야노
너무 빨리 커가 버스 탈 때 낑겨 타면 우야노
너무 빨리 커가 마을 사람들이 다 전구 갈아 달라 하면 우야노

옥수수 내 한 살 먹기도 전에 어른이 돼가 수염이 다 자랐다

내한테 필요 없는 걱정은 옥수수한테 노나 준다
너무 빨리 늙어가 우리 할배 따라 땅콩 심으러 가는 거 아이가
너무 빨리 늙어가 공부는 안 하고 다슬기만 줍는다고 야단치는 거 아이가
너무 빨리 늙어가 이빨 다 빠져서 틀니 껴야 하는 거 아이가
너무 빨리 늙어가 내 이름 잊어뿌려서 내보고 옆집 영숙이라고 부르는 거 아이가

우리 할매 내 걱정 듣다가
옥수수 팔자를 니가 와 생각하냐고 장에 옥수수나 팔러 가자고 한다

- 2025년 5월호

내한테 필요 없는
걱정은

"나태주의 한마디"

시를 읽다, 읽다 참 별난 시 그리고 재미난 시를 다 읽는다 싶다. 순수한 우리말, 그것도 한 고장의 특수한 말인 지방어로만 쓰인 시다. 읽으면서도 자꾸만 입 밖으로 삐져나오는 웃음을 참기가 어렵다. 그만큼 재미있는 작품이다.

    입말과 글말 가운데 입말이 더 기본적이고 본능적이란 것을 아는 사람은 알 테다. 그만큼 언어의 바탕은 입말에 가 있다. 살아 있는 말이라는 것이다.

    이와 같은 입말의 특성을 십분 살려서 시를 썼으니 그 누구도 따라잡을 수 없을 만치 멀리 가는 시다. 저 먼 곳으로 우리의 감흥을 데리고 가는 문장이다. 기쁘지 않은 인생을 기쁘게, 아름답지 않은 세상을 아름답게, 좋지 않은 사람을 좋게 바꾸어 놓는 놀라운 능력이 이 시 안에 있다. 당신의 선량한 해학을 우리도 따라서 기뻐하는 까닭이다.

입말의 특성을 십분 살려서 시를 썼으니
그 누구도 따라잡을 수 없을 만치 멀리 가는 시다.
저 먼 곳으로 우리의 감흥을 데리고 가는 문장이다.

봄은 온다

임정근

봄은 온다
깊은 바닷속 스며드는 빛에 전령처럼 유영하다
호기심 어린 눈길로 부둣가 배회하는
겨우내 자라 버린 숭어 꼬리 따라온다

상가 앞 건조대에 주렁주렁 매달려 있는
황갈색 홍어 빛깔로도 오고
기세 좋게 항구로 향하는
낭장망 어선 뒷전에 길게 매달린 하얀 포말 따라오고
철새 사이로 편대 비행하는
먹성 좋은 가마우지 떼 날갯짓으로 온다

먼 수평선에서 이어진
산 능선의 동풍에 지그시 눈 감고 팔 벌리면
칠락산 봄 꽃나무 줄기에 돋아난 파란 새싹 움에 보이고
검은 절벽 바위를 매만지는 찬기 어린 바람에도 느낀다

모두 떠난 길가 빈집 울타리에
외롭게 붉은 망울 터뜨려진 동백꽃에도 보이고
우체국 시멘트 뒷마당에
흰 이 드러내며 모처럼 웃는
늙수그레한 직원 머리칼에도 있고

돌고 돌아 섬 외곽 순행하는
마을버스 여유로움에도 보인다

짙은 바다 빛도
회색 산 빛도 바람 따라 바뀌며

흑산도에 봄은 온다

– 2025년 6월호

짙은 바다 빛도
회색 산 빛도 바람 따라 바뀌며
흑산도에 봄은 온다

"나태주의 한마디"

이번 호에는 소통이 좋고 작품의 느낌이 좋은 시도 있었지만 계절감을 살려 임정근 님의 〈봄은 온다〉를 선택하기로 했다. '봄은 온다'. 누가 그걸 모르나? 봄은 오는 것이다. 그렇지만 겨울을 이기고, 어려움을 이기고 오는 봄이기에 봄은 다시 한번 감격이고 기적이다.

시의 마지막 행으로 보아 흑산도에서 만난 봄 풍경인가 보다. 봄의 발걸음이 아주 헌걸차고 씩씩하다. 이런 글을 읽으면서 우리도 찌뿌둥한 마음을 밀어내고 건강하고 씩씩하게 마음을 회복해야 할 일이다. 내게는 아무래도 이런 구절이 좋았다.

'모두 떠난 길가 빈집 울타리에 / 외롭게 붉은 망울 터뜨려진 동백꽃에도 보이고 / 우체국 시멘트 뒷마당에 / 흰 이 드러내며 모처럼 웃는 / 늙수그레한 직원 머리칼에도 있고'

저 문장 속에 진정 인간의 삶이 숨어 있지 않은가! 만물을 인간과 같이 생각하는 마음, 의인법과 측은지심의 승리다.

나만의
습작노트

시에 대한 생각을 자유롭게 끄적여 보세요.
꼭 시가 아니라도 괜찮아요.
짧은 문장 한 줄도 좋고, 긴 산문도 좋습니다.

아카시아 잎

전의환

아카시아 나무 그늘 아래서
어린 손녀와 함께
잎 따기 놀이를 한다.

먼저 잎을
우리 손녀 예쁘지 하고 따면
반대편 잎을
할아버지가 이쁘지 하며
앙증맞은 손으로
잎을 따 낸다.

한 잎 따고 마주 웃고
산들바람에
아카시아 잎 날리고
예쁜 마음 소리 내어 말하면
앙상한 잎대 끝에
사랑 하나만 남아 있다.

- 2025년 7월호

"나태주의 한마디"

이번 달에는 귀여운 작품이 여러 편 들어왔다. 아이들이 놀이터에서 노는 장면을 사랑스러운 눈길로 바라보는 내용도 있고 팽이치기, 술래잡기를 소재로 한 작품도 있었다. 그런 가운데 선자는 가장 분명하면서도 작은 시 한 편을 골랐다. 매우 사랑스러운 작품이다. 조손간祖孫間, 할아버지 할머니와 손주 사이. 서로 다르게 살아왔고 앞으로도 다르게 살아갈 두 사람이 잠시 마주 앉아 아카시아 잎 따기 놀이를 하고 있다. 예전엔 흔하고 평범한 풍경이었지만 요즘은 매우 드물고 귀한 풍경이다. 핵가족에서 핵개인 사회가 되어 외롭고 쓸쓸한 세상에 이런 시가 파장을 일으켜 행복의 씨앗을 심어 준다면 얼마나 좋을까 하고 생각했다.

아카시아 잎 날리고
예쁜 마음 소리 내어 말하면
앙상한 잎대 끝에
사랑 하나만 남아 있다.

외롭고 쓸쓸 한 세상에 이런 시가 파장을 일으켜
행복의 씨앗을 심어 준다면 얼마나 좋을까.

나만의
습작노트

시에 대한 생각을 자유롭게 끄적여 보세요.
꼭 시가 아니라도 괜찮아요.
짧은 문장 한 줄도 좋고, 긴 산문도 좋습니다.

4부

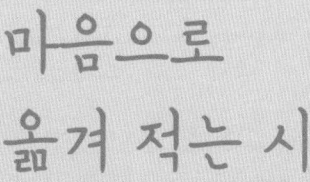

마음으로
옮겨 적는 시

가는 길

김소월

그립다
말을 할까
하니 그리워

그냥 갈까
그래도
다시 더 한 번……

저 산山에도 까마귀, 들에 까마귀.
서산西山에는 해 진다고
지저귑니다.

앞강江물, 뒷강江물,
흐르는 물은
어서 따라오라고 따라가자고
흘러도 연달아 흡디다려.

서시

윤동주

죽는 날까지 하늘을 우러러
한 점 부끄럼이 없기를,
잎새에 이는 바람에도
나는 괴로워했다.
별을 노래하는 마음으로
모든 죽어가는 것을 사랑해야지.
그리고 나한테 주어진 길을
걸어가야겠다.

오늘 밤에도 별이 바람에 스치운다.

옛이야기 구절

정지용

집 떠나가 배운 노래를
집 찾아오는 밤
논둑 길에서 불렀노라.

나가서도 고달프고
돌아와서도 고달팠노라.
열네 살부터 나가서 고달팠노라.

나가서 얻어온 이야기를
닭이 울도록,
아버지께 이르노니 –

기름불은 깜빡이며 듣고,
어머니는 눈에 눈물이 고이신 대로 듣고
니치대던 어린 누이 안긴 대로 잠들며 듣고
웃방 문설주에는 그 사람이 서서 듣고,

큰 독 안에 실린 슬픈 물같이
속살대는 이 시골 밤은
찾아온 동네 사람들처럼 돌아서서 듣고,

- 그러나 이것이 모두 다
그 예전부터 어떤 시원찮은 사람들이
끝맺지 못하고 그대로 간 이야기어니

이 집 문고리나, 지붕이나,
늙으신 아버지의 착하디착한 수염이나,
활처럼 휘어다 붙인 밤 하늘이나.

이것이 모두 다
그 예전부터 전하는 이야기 구절일러라.

나와 나타샤와 흰 당나귀

백석

가난한 내가
아름다운 나타샤를 사랑해서
오늘밤은 푹푹 눈이 나린다

나타샤를 사랑은 하고
눈은 푹푹 날리고
나는 혼자 쓸쓸히 앉어 소주燒酒를 마신다
소주燒酒를 마시며 생각한다
나타샤와 나는
눈이 푹푹 쌓이는 밤 흰 당나귀를 타고
산골로 가자 출출이 우는 깊은 산골로 가 마가리에 살자

눈은 푹푹 나리고
나는 나타샤를 생각하고
나타샤가 아니올 리 없다
언제 벌써 내 속에 고조곤히 와 이야기한다
산골로 가는 것은 세상한테 지는 것이 아니다
세상 같은 건 더러워 버리는 것이다

눈은 푹푹 나리고
아름다운 나타샤는 나를 사랑하고
어데서 흰 당나귀도 오늘밤이 좋아서 응앙응앙 울을 것이다

산이 날 에워싸고

박목월

산이 날 에워싸고
씨나 뿌리며 살아라 한다
밭이나 갈며 살아라 한다

어느 짧은 산자락에 집을 모아
아들 낳고 딸을 낳고
흙담 안팎에 호박 심고
들찔레처럼 살아라 한다
쑥대밭처럼 살아라 한다

산이 날 에워싸고
그믐달처럼 사위어지는 목숨
그믐달처럼 살아라 한다
그믐달처럼 살아라 한다

낙화

조지훈

꽃이 지기로서니
바람을 탓하랴

주렴 밖에 성긴 별이
하나 둘 스러지고

귀촉도 울음 뒤에
머언 산이 다가서다.

촛불을 꺼야 하리
꽃이 지는데

꽃 지는 그림자
뜰에 어리어

하이얀 미닫이가
우련 붉어라.

묻혀서 사는 이의
고운 마음을

아는 이 있을까
저어하노니

꽃이 지는 아침은
울고 싶어라.

오랑캐꽃

이용악

- 긴 세월을 오랑캐와의 싸움에 살았다는 우리의 머언 조상들이 너를 불러 '오랑캐꽃'이라 했으니 어찌 보면 너의 뒷모양이 머리태를 드리운 오랑캐의 뒷머리와 같은 까닭이라 전한다 -

아낙도 우두머리도 돌볼 새 없이 갔단다
도래샘도 띳집도 버리고 강 건너로 쫓겨갔단다
고려 장군님 무지 무지 쳐들어와
오랑캐는 가랑잎처럼 굴러갔단다

구름이 모여 골짝 골짝을 구름이 흘러
백 년이 몇 년이 뒤를 이어 흘러갔나

너는 오랑캐의 피 한 방울 받지 않았건만
오랑캐꽃
너는 돌가마도 털메투리도 모르는 오랑캐꽃
두 팔로 햇빛을 막아 줄게
울어 보렴 목 놓아 울어나 보렴 오랑캐꽃

깃발

유치환

이것은 소리 없는 아우성.
저 푸른 해원(海原)을 향하여 흔드는
영원한 노스탤지어의 손수건.
순정은 물결같이 바람에 나부끼고
오로지 맑고 곧은 이념의 푯대 끝에
애수(哀愁)는 백로처럼 날개를 펴다.
아아 누구던가.
이렇게 슬프고도 애달픈 마음을
맨 처음 공중에 달 줄을 안 그는.

그냥

문삼석

엄만
내가 왜 좋아?
- 그냥…

넌 왜
엄마가 좋아?
- 그냥…

멀리서 빈다

나태주

어딘가 내가 모르는 곳에
보이지 않는 꽃처럼 웃고 있는
너 한 사람으로 하여 세상은
다시 한 번 눈부신 아침이 되고

어딘가 네가 모르는 곳에
보이지 않는 풀잎처럼 숨 쉬고 있는
나 한 사람으로 하여 세상은
다시 한 번 고요한 저녁이 온다

가을이다, 부디 아프지 마라